54

Lb 405.

PRENEZ GARDE!

OU LE

LIVRE DES REPRÉSENTANTS

PAR

CASIMIR PERTUS.

PARIS

CHEZ TOUS LES MARCHANDS DE NOUVEAUTÉS.

1848

PRENEZ GARDE!

PRÉAMBULE.

Prenez garde! ce n'est pas une menace que je viens articuler ici : c'est un avertissement, c'est un conseil découlant tout naturellement de considérations philosophiques, puisées à la source des faits et de l'expérience.

C'est surtout à vous, Représentants du Peuple, que ce livre s'adresse; et, quand je vous dis : prenez garde! ce n'est pas avec la voix de l'intimidation, mais avec celle de l'enseignement.

Non, je ne viens pas aux portes de votre assemblée vous jeter ce cri : prenez garde! les baïonnettes sont là toutes prêtes à se hérisser contre vous! Prenez garde! le peuple militant du travail veut que vous marchiez pour lui, et pour lui seulement, sans quoi il vous écrasera de sa main puissante !

Non, encore une fois non ! ce serait là un monstrueux blasphême envers la dignité même des travailleurs.

Les travailleurs attendent de vous la réalisation de cette sublime devise : *Liberté, Egalité, Fraternité*. Prenez garde de ne pas les tromper dans leur attente ; prenez garde que ces mots divins : *Liberté, Egalité, Fraternité*, ne soient que la vaine parade de nos édifices publics ; prenez garde de ne les écrire vous-mêmes que sur les entêtes de vos décrets d'institutions, sans les mettre en action dans l'esprit de vos lois ; prenez garde, en les prononçant ces mots trois fois saints, de ne les avoir que sur les lèvres et point dans le cœur !

Pardonnez-moi cette dernière appréhension : eh ! mon Dieu ! elle est bien naturelle, et le motif qui l'inspire est matériellement bien naturel aussi. Nous venons de traverser dix-huit années consacrées à la déification de l'égoïsme ; et comme l'égoïsme, dans sa nature primitive, avant d'être épuré par une éducation large, généreuse, et surtout par les bons exemples, est à l'homme ce qu'est à l'animal l'instinct brutal de sa conservation, il n'est pas étonnant qu'en vivant dans une semblable époque les âmes les plus élevées n'aient eu aussi quelque légère atteinte de ce mal devenu épidémique.

Oui, je ne crains pas de l'affirmer, le règne de l'égoïsme a laissé à notre jeune République un héritage moral auquel il est plus difficile qu'on ne pense de pouvoir renoncer.

Eh bien! vous, Représentants du Peuple, à qui la nation vient de confier en quelque sorte une mission sacerdotale, commencez par sonder vos propres consciences, et, s'il y a lieu, prenez garde, selon l'expression de l'Evangile, de ne savoir dépouiller le vieil homme, prenez garde de ne pas être assez purs pour purifier les autres!

Sachez-le bien, Représentants du Peuple, cette révolution n'est pas une révolution politique : c'est une révolution sociale.

L'âme d'une révolution politique, c'est l'ambition; l'âme d'une révolution sociale, c'est le dévouement!

Citoyens Représentants, prenez garde de confondre l'une avec l'autre!

NOTRE RÉVOLUTION DE 1848

EST UNE

RÉVOLUTION SOCIALE.

———◆———

COUP D'ŒIL RÉTROSPECTIF SUR NOS DIVERSES
RÉVOLUTIONS.

Le caractère de notre dernière révolution est d'être sociale, et je le prouverai.

Pour bien juger du caractère d'une révolution, il faut jeter un coup d'œil rapide sur celles qui l'ont précédée; car toutes les révolutions naissent les unes des autres, et elles ont par conséquent entre elles des rapports d'existence qu'il faut bien connaître pour les définir.

C'est ce que je vais faire ici en prenant pour point de départ la révolution de 89.

La révolution matérielle de 89 est sortie de la révolution des idées, faite par les écrivains de l'*Encyclopédie*, ou, pour mieux dire, cette révolution des idées avait été la préparation de l'autre.

La révolution de 89 fut faite au nom du tiers-état contre la noblesse et le clergé qui, tout en formant deux catégories distinctes, ne composaient vraiment qu'une classe de privilégiés.

Qu'était le tiers-état? Il l'a dit lui-même, il n'était rien et devait être tout.

Pourquoi se considérait-il comme devant être tout? Parce qu'il était le producteur de tout.

Jusque là le tiers-état était dans le vrai; mais en disant qu'il devait être tout, parce qu'il était producteur de tout, il aurait dû songer que sa nature était complexe ; qu'il était producteur de tout parce qu'il était à la fois possesseur et travailleur.

C'est ce que ne fit point le tiers-état : il pensa et il agit seulement comme possesseur et au profit de la tête (qu'on me permette l'expression), il oublia qu'il avait des bras.

Dès lors le tiers-état ne fut plus le tiers-état ; il se partagea en deux classes bien distinctes : celle des possesseurs ou la *Bourgeoisie*, celle des travailleurs ou le *Peuple*.

Dès lors la révolution de 89, qui semblait promettre d'être sociale à son début moral, ne fut plus que politique dans son application physique, trop restreinte.

Dès lors la révolution de 89, qui aurait dû être la révolution de tout le monde, fut seulement celle de la bourgeoisie.

Dès lors une autre révolution, dont l'idée avait été soulevée mais tronquée par celle-ci, était imminente.

Aussi 93 sortit bouillonnant du sein de la Convention.

Pourquoi la révolution de 89, sociale par le fond de sa théorie, n'a-t-elle été que polique par son application restreinte ?

La réponse est facile : les grandes idées humanitaires qui avaient enfanté la révolution de 89 avaient pris naissance dans cette portion du tiers-état qui était la plus intelligente et la plus éclairée, et qui, comme je viens de le dire, s'était donné le nom de bourgeoisie. La bourgeoisie était devenue éclairée et intelligente, parce que d'un côté elle avait eu les moyens pécuniers d'acquérir l'instruction, et parce que, d'un autre côté, elle avait voulu opposer à l'éclat de l'épée les rayons lumineux de la science. Or, ces grandes idées humanitaires une fois en élaboration, ces idées qui devaient s'étendre à tous, comme l'exigeait leur nature, la bourgeoisie, par droit d'intelligence, se les appropria exclusivement, en fit l'âme de son corps, ou plutôt son habillement qu'elle tailla selon sa forme. Voilà

pourquoi la révolution de 89, qui avait promis
d'être sociale, ne fut que politique. Et cette révolution ne fut que politique en ce qu'au lieu de re-
fondre la société, comme elle l'aurait dû faire en
se généralisant, elle ne fut que la satisfaction des
possesseurs ambitieux.

Certes, la bourgeoisie pouvait bien, par son
droit de *primo genitu* dans la vie intellectuelle,
jouir de la première récolte produite par les idées
qui avaient germé et fructifié en elle; mais elle
devait se hâter d'en rendre le peuple participant
en faisant éclore son esprit du sein des ténèbres de
l'ignorance par les rayons vivifiants du savoir.

C'est ce que ne fit pas la bourgeoisie; elle alla
plus loin : elle sembla renier, dans son ingrati-
tude, ce qui l'avait grandi; elle déplaça ses droits
d'existence politique en les faisant passer de l'intelligence à la possession matérielle, et par là il arriva que le rustre ignorant fut déclaré intelligent
et plus capable de faire partie fonctionnante de
l'Etat, que l'homme de génie né dans les langes
de la misère. Voyez quel écart.

J'entends quelque logicien me répliquer que
c'est là une conséquence de principe matériel posé
par le tiers-état, qui voulait être tout, parce qu'il
était le producteur du tout.

Erreur : si c'était là une conséquence du principe matériel dont vous parlez, cette conséquence
aurait dû s'étendre *à tous* les possesseurs et aux

travailleurs, car, comme je l'ai dit plus haut, le *tiers-état* était producteur de tout parce qu'il était à la fois possesseur et travailleur.

Non, encore une fois non, la possession matérielle n'a pu être en réalité la souche du droit politique de la bourgeoisie : elle a été l'argument que l'intelligence a employé pour se manifester ; et, comme l'intelligence avait engendré les grandes idées humanitaires, cette intelligence devait, en se propageant, les répandre et appeler tous les hommes aux mêmes droits comme étant tous enfants du même père.

Mais la bourgeoisie, qui avait été faite ce qu'elle était par l'intelligence, l'accapara à elle seule, et s'en fit un arsenal où nul autre n'aurait la permission d'entrer.

De nobles téméraires pénétrèrent néanmoins dans cet arsenal ; et dans la suite, de même que la noblesse avait vu des combattants sortir de son sein pour aller sous la tente de la bourgeoisie, de même le peuple eut dans son camp de vaillants et généreux transfuges de cette dernière.

Et tout d'abord ces grandes idées humanitaires, dont le premier jet avait suffi pour apprendre à tout homme sa propre dignité, franchirent le cercle dans lequel la bourgeoisie les avait circonscrites, et le soleil brûlant de 93 se leva soudain sur tous les fronts.

C'est ainsi que la révolution de 93 sortit des

flancs même de celle de 89 ; mais moins heureuse que sa devancière, elle n'avait pas été préparée, comme elle, par ses intéressés : rien ne lui avait tracé le chemin ; nulle théorie n'avait devancé sa marche ; les desseins généreux qui germaient dans son âme n'avaient pas eu le temps de s'épanouir pour elle-même ; elle n'avait qu'eu le temps d'apprendre les haines des inégalités sociales ; elle n'avait pu aller faire des prosélytes dans le camp opposé, si bien que le jour où cette révolution de 93, essentiellement sociale, leva la tête, elle n'eut en face d'elle que des ennemis, et, en inscrivant sur son drapeau : *Liberté, Egalité, Fraternité*, elle dut y ajouter cette menace ou la *Mort !*

Liberté, Egalité, Fraternité ou la *Mort*, devise qui peut sembler terrible mais qui est logique, et qui contient toute l'explication de cette époque forcée d'être sanglante.

Soyons libres, égaux et frères, criait le peuple à ceux qui étaient au dessus de lui, autrement, sous la hache du bourreau, vous trouverez dans la mort ce niveau qui est la loi de Dieu même, et que vous dédaignez dans la vie.

Voilà toute l'histoire de 93 au fond. A la surface il y eut des abus : les haines individuelles organisèrent les vengeances particulières sous ce drapeau qui portait cette devise : *Liberté, Egalité, Fraternité* ou la *Mort*. Voilà le côté déplorable et digne d'être maudit de cette révolution de 93, qui, naturellement, ne pouvait qu'abattre tout obstacle empêchant le triomphe du principe renfermé dans sa devise.

Elle abattit, elle détruisit ; mais elle ne construisit rien. La destruction avait rendu ses mains trop convulsives pour qu'elles pussent rien édifier... elle s'arrêta sur son œuvre de carnage.

Alors la bourgeoisie, qui avait hâte de jouir de sa position conquise en 89 et compromise pour un instant, reparut sous le Directoire ; mais elle reparut avec toutes les avidités empressées de l'égoïsme, et les gaspillages du Directoire amenèrent le Consulat.

Sous le Consulat, la bourgeoisie trouva un frein à ses déportements, et la révolution de 93 pouvait, sous la conduite de Bonaparte, reparaître glorieuse et se purifier de ses excès sanglants ; mais l'ambition d'un homme fit reculer l'intérêt de tous, et l'Empire se dressa inopinément à tous les regards.

L'Empire fut une révolution (1) enfantée sur le champ de bataille, et qui, allant de victoire en

(1) Quelques-uns s'étonneront peut-être de m'entendre appeler l'Empire une révolution, parce qu'en général on donne une signification beaucoup trop restreinte à ce mot révolution ; mais, en réalité, qui dit révolution dit changement par un mouvement de rotation, de l'expression latine *revolvere*, et, dans le monde moral comme dans le monde physique, nous sommes toujours en révolution ; seulement, dans le monde moral, ce mouvement révolutionnaire a plus ou moins de violence. — (Voir à cet égard mon *Livre des Révolutions.*

victoire, comme d'étape en étape, remontait, au profit d'un seul homme, vers les idées du passé.

Cette révolution, aux yeux de ses adhérents, put aisément paraître comme devant être le pacte d'alliance entre tous les partis descendus dans la lice au milieu des deux révolutions précédentes. En effet, le clergé trouva dans Napoléon le réparateur de ses temples ; la noblesse, le créateur d'une nouvelle noblesse ; la bourgeoisie, le provocateur de spéculations hardies, et le peuple le dispensateur de la gloire, de la gloire lui faisant oublier la liberté.

Oui, le peuple, qu'un héros venait de mettre sous le joug, le peuple, qui ne sentait point ses chaînes en brandissant l'épée, et dont le front ne pouvait paraître empreint du stigmate d'esclave, ombragé qu'il était des lauriers de la victoire, le peuple oublia sa liberté en maudisant la révolution de 93, son ouvrage.

Et pourtant la Gloire et la Liberté sont deux sœurs nées pour être inséparables, et du jour où une nation les fera se donner la main, leur règne sera éternel pour cette nation.

Certes, au milieu de ce nouveau mouvement où l'étonnement et l'admiration étaient à l'ordre du jour, il n'est pas étonnant que certains esprits aient cherché l'avenir à travers le microscope des espérances impossibles. Mais le véritable penseur qui, ne voyant pas les choses seulement à la surface, les sonde dans toute leur profondeur, ne devait regarder l'empire, malgré ce brillant tourbillon de batailles livrées et gagnées, que comme un astre éphémère.

En effet, l'Empire était un enfant adultérin de la Liberté enchaînée et du génie militaire ; c'était une révolution bâtarde, arrivée sur les ailes de la Victoire, et qui devait disparaître de même.

Cette révolution n'avait germé que dans l'esprit d'un seul homme ; c'était une superbe individualité dont la glorieuse auréole reflétait son éclat sur toute la France, et qui, en pâlissant sous le soleil glacé de la Russie, ne laissa plus voir que l'ambition d'un homme vaincu,

Cette révolution qui ne pouvait vivre que de batailles gagnées, se fût-elle prolongée à travers mille autres succès, aurait fini avec le dernier soupir de l'Empereur. En un mot, l'Empire fut l'existence merveilleuse d'un héros inféodée à celle d'une nation la plus courageuse d'entre toutes les nations.

Mais la chute de l'Empire précéda la mort de Napoléon, et la Gloire succomba, comme la Liberté, sur des trophées sanglants !

Sur les ruines de l'Empire se dressa la Restauration à laquelle Napoléon avait, en quelque sorte, préparé les esprits en les faisant remonter vers les idées du passé.

La Restauration passa quinze années à maudire

les désastres de l'Empire et les excès de 93 les héros de la gloire et les martyrs de la liberté. Elle eut beau faire et beau dire : elle put, dans la personne de Napoléon, faire exécrer le despotisme et donner ainsi pour l'avenir une arme contre elle, mais elle n'arriva pas à étouffer l'idée démocratique qui était restée morne, silencieuse au milieu du cliquetis des armes et des chants enthousiastes, et qui avait eu son premier réveil à la chute de l'Empire.

Ce réveil avait eu lieu le jour où le peuple s'était rué sur la place Vendôme pour mettre la main à la corde qui arrachait le glorieux tyran de son piédestal !

Les monarchistes se réjouirent de cet empressement du peuple à aller renverser l'effigie de l'*usurpateur*. Ils ne virent là qu'une question de personne et le triomphe du principe de légitimité.

Ils étaient dans l'erreur : au lieu d'ouvrir leurs âmes à toutes les joies de l'espérance, ils auraient dû regarder l'avenir avec un frissonnement ; car avec cette foule tumultueuse se soulevait le principe démocratique contre le principe monarchique, c'est-à-dire l'idée de liberté contre l'idée de domination, l'intérêt de tous contre l'intérêt d'un seul.

Et si l'idée de domination, représentée par un *usurpateur*, c'est-à-dire *par le règne passager du sabre*, faisait ainsi bouillonner les vagues de l'océan populaire, combien devrait être plus terrible encore l'ouragan qui s'attaquerait à cette même idée de domination, naviguant à pleines voiles sur la foi *du droit divin*, c'est-à-dire d'un *droit* qu'on se plaisait à proclamer éternel !

Non, l'idée démocratique ne pouvait périr ! Elle avait sommeillé sous l'Empire, elle médita sous la Restauration.

Elle ne pouvait encore surgir à tous les regards pour faire oublier son passé terrifique ; elle avait besoin de se fortifier en passant au creuset de la pensée d'écrivains studieux et dévoués à sa cause ; elle avait à prendre d'abord racine dans le cœur des hommes avant de dresser ses rameaux au dessus de leurs têtes !

D'ailleurs, après avoir été le germe d'une révolution arrêtée dans ses convulsions sanglantes, l'idée démocratique devait attendre que la révolution qui avait précédé la sienne eût parcouru tout son cercle, c'est-à-dire que la bourgeoisie, aristocratie de l'argent, eût fini d'écraser la noblesse, aristocratie des priviléges, pour succomber à son tour sous ses propres excès.

La Restauration ne fut donc pas un temps perdu pour l'idée démocratique : ce fut pour elle quinze ans d'étude et d'initiation, jusqu'au jour où elle pourrait, par les armes de l'intelligence, entrer en lice avec l'aristocratie financière, victorieuse de sa rivale vermoulue. Je dirai plus, la Restauration fut quinze années d'épreuves monarchiques qui devaient tourner au profit de la démocratie, dans leur moralité.

La noblesse, durant les premiers jours de la Restauration, sembla faire pacte avec la bourgeoisie, et la charte, qui était un acte de nécessité et non pas de générosité de la part de Louis XVIII, parût être le lien de cette union.

Cette union, si elle eût été franche, entière, généreuse, eût pu ajourner pour longtemps le triomphe de la démocratie, destinée toutefois, dans les sages décrets de la Providence, à être le fruit de cette union, fruit qui aurait été récolté un jour à force de maturité. Mais cette alliance ne pouvait être telle : des parties hétérogènes ne formeront jamais une homogénité si elles ne se refondent dans le moule de la fraternité.

Le droit divin, qui avait reparu triomphant, le droit divin, soleil vivifiant de tous les priviléges, et privilége lui-même le plus arrogant qu'un égoïsme audacieux et sacrilége avait osé faire émaner de Dieu, rappela à la noblesse son origine et toutes ses ambitions.

La noblesse ne tendit qu'une main à la bourgeoisie, et ce fut pour l'égarer dans des sentiers détournés qui remontaient au passé; mais, par cette main qu'elle lui tendait, la bourgeoisie, en résistant, l'entraîna dans l'abîme, et 1830 fut la date de l'ère triomphante de l'aristocatie financière.

Ce jour là le peuple aida de ses bras nerveux la bourgeoisie à pulvériser un trône appuyé sur le droit divin ; mais, après l'action, il n'y eut plus de place pour lui au soleil.

On l'a dit, on le répète encore, la révolution de 1830 a été escamotée au détriment du peuple ; moi je dirai que non ! Non, la révolution de 1830 n'a pas été escamotée, parce que d'abord le peuple n'était pas encore prêt à la grande mission de constituer la démocratie, et parce qu'ensuite cette révolution de 1830 n'était, en réalité, que la dernière période de celle de 89.

L'idée démocratique n'avait fait jusque là, depuis sa défaite causée par ses excès de 93, que préparer dans la méditation sa force intellectuelle, et, à dater de 1830, elle allait exercer cette force intellectuelle dans les discussions dont le champ s'ouvrait par le règne définitif de la bourgeoisie ; elle allait s'éclairer encore davantage à l'école des fautes commises par cette dernière.

Il est donc bien évident que la révolution de 1830 n'a été que ce qu'elle devait être ; elle avait été préparée dans les salons d'un prince qui s'était fait bourgeois ; et elle devait donner une couronne à un fourbe qui chercherait plus tard à la baillonner avec le sceptre d'or qu'il tenait d'elle. C'est ainsi que le règne de la bourgeoisie n'a pas été aussi complet qu'il était appelé à l'être ; et s'il y eut escamotage, ce fut plutôt au détriment de la bourgeoisie, au profit d'un homme qui, au lieu d'être la franche expression de cette dernière, perdit son avenir dans des rêves insensés de dynastie monarchique.

Cette proposition que j'avance, en disant que la bourgeoisie qui vient de tomber n'a pas eu son règne complet, pourra étonner quelques esprits plus emportés que réfléchis, mais j'ai pour moi l'argument des faits.

La bourgeoisie, durant ces dix-huit dernières années, fut bien certainement la puissance du jour ; mais cette puissance ne fut pas aussi étendue ou pour mieux dire aussi généralisée qu'elle aurait dû l'être, et je le prouve.

Qu'entend-on par bourgeoisie ?

On entend par bourgeoisie cette partie de la société qui était autrefois la tête du tiers-état, et qui est composée de tous les possesseurs.

Tous les possesseurs participèrent-ils en général à ce règne de la bourgeoisie ?

Non : il n'y eut qu'une portion de privilégiée, et cette portion privilégiée monopolisa sordidement la position conquise par 1830. Aussi la révolution de 1848 commença-t-elle aux cris de : *Vive la Réforme!* c'est-à-dire : Vive l'élargissement du cercle du règne de la bourgeoisie.

Effectivement il s'agissait ici surtout de la réforme électorale, c'est-à-dire de la baisse du cens exigé pour être électeur, et par là tout simplement

de l'augmentation numérique de la partie active de
la bourgeoisie dans la politique représentative.

C'était là, ni plus ni moins, ce qu'on réclamait
le 23 février; et si l'on parlait de l'adjonction des
capacités, c'était encore bien bas, et cette dernière
idée appartenait aux démocrates.

Donc, la bourgeoisie n'eut pas un règne aussi
complet qu'elle aurait pu l'avoir; et, s'il y eut escamotage, ce fut à son détriment dans un but dy-
nastique.

En effet, le plus grand des égoïstes, qui s'était
fait le roi des égoïstes, cet homme que l'on pro-
clamait si fameux politique, ce monarque si habile
n'avait pas compris les conditions de la monarchie
qu'il représentait. Il ne vit pas que son trône, appuyé soi-disant sur le vœu de la nation, ne l'était
réellement que sur celui de la bourgeoisie, et qu'il
devait par conséquent rester roi bourgeois, sous
peine de périr en s'écartant des lois vitales de
son être.

Charles X, roi constitutionnel par la forme,
mais roi *du droit divin* par le principe inhérent
à sa nature, put s'éloigner de la garde nationale, corporation toute bourgeoise, pour s'en-
tourer tout simplement de ses gardes-du-corps,
corporation toute nobiliaire; par là il était encore conséquent avec son origine. Mais Louis-Philippe, lui, en abandonnant la garde nationale, re-
niait son origine sans pouvoir même s'appuyer sur

l'apparence d'un droit. Aussi, c'est la garde nationale qui, n'étant plus le pivot de sa puissance, fut, presque involontairement, le premier instrument de sa chute.

Louis-Philippe, s'il eût eu ce regard profond qui fait les grands hommes, eût été le Louis XIV du dix-neuvième siècle bourgeois. Il aurait pu ménager un long et glorieux avenir à cette aristocratie financière. Bien plus, en moralisant au lieu de matérialiser, ce qui était déjà la domination de la matière, il eût fait de son règne une initiation généreuse au régime républicain, et sur le verso de la Charte constitutionnelle bourgeoise aurait été écrite rationnellement, dans un temps donné, une constitution démocratique.

Pour cela, il fallait être sage et habile, et Louis-Philippe n'était qu'ambitieux et rusé; pour cela il ne fallait pas regarder le beau titre de roi citoyen comme un vain mot, destiné à être un laissez-passer vers la royauté absolue; pour cela il fallait mettre les intérêts du pays avant les intérêts de famille, préférer léguer à ses descendants un nom glorieux plutôt qu'une couronne et des apanages, l'estime d'un noble pays plutôt que son asservissement. Il fallait comprendre son époque, savoir qu'une idée bien inculquée chez un peuple est impérissable, et regarder celle de la Démocratie comme une œuvre à préparer, à faire éclore, et non comme une ennemie à écraser! Enfin, il fallait avoir les vertus civiques et porter dans sa poitrine un cœur vraiment français !

Rien de tout cela chez Louis-Philippe ; et, je le répète, cet homme, si longtemps admiré, n'avait que la ruse et non l'habileté.

L'habileté, ferme dans ses résolutions, larges et généreuses, va droit son chemin, la tête haute et fière ; la ruse, craintive dans ses desseins étroits et perfides, se dirige d'un regard oblique à travers mille sinuosités. L'habileté est toujours sûre d'arriver à son but ; la ruse s'égarera certainement tôt ou tard. L'une est une manifestation de la sagesse, l'autre de l'ambition.

Ainsi donc, au lieu de remplir saintement la tâche que lui avait ménagée la Providence, qu'a fait Louis-Philippe ?

Il a groupé autour de lui les appétits voraces, les talents malhonnêtes, l'orgueil et l'avarice insatiables ; et avec cet partie gangrenée de la bourgeoisie, qui en était devenue pour lui et par lui la tête et le cœur, il est arrivé à la désorganisation de cette bourgeoisie dont il avait été l'élu.

Il pouvait imposer aux juges de l'avenir la première des légitimités, celle de la grande œuvre de tous accomplie ; il a mieux aimé les titres d'une double usurpation.

Il avait eu l'expérience de Charles X, et il est tombé comme Charles X, et beaucoup plus bas que lui. Ce dernier, au surplus, avait quelques raisons d'avoir foi en un droit consacré par plusieurs siècles, siècles d'erreurs, il est vrai, mais qui n'en étaient pas moins une sorte de consécration. Quant à Louis-Philippe, quelles étaient ses raisons ? où était son droit?

Charles X, succombant, était le dernier représentant d'un principe qui venait de périr ; Louis-Philippe, dans sa chute, n'était que l'expression d'un parjure trompé dans ses espérances. L'un put avoir les honneurs de la haine et de la colère, et lancer encore, dans sa fuite, le reflet du sabre de ses gardes comme un dernier rayon de sa puissance qui s'éteignait ; l'autre, au contraire, n'eut que le mépris, et ce mépris fut sa seule sauvegarde : on laissa passer avec pitié et dérision ce roi qui, après avoir rêvé les chars dorés de la monarchie absolue, était obligé de s'évanouir à tous les regards dans le véhicule le plus humble dont puisse faire usage le plus modeste des bourgeois.

La Providence ne semble-t-elle pas avoir passé par là en abaissant ainsi ironiquement cet insensé, par cela même qui aurait pu le grandir !

Louis-Philippe ne comprit donc pas la mission qui l'attendait, ou s'il l'a comprise, il a eu l'audace d'entreprendre la contre-partie, l'audace, entendez-vous bien, et l'audace est la folie du courage.

Aussi est-il tombé honteusement avec la bourgeoisie, qu'il devait faire vivre longuement, et qu'il a fait se suicider.

De même que cet homme qui, au sortir de l'or-
gie, a l'estomac gorgé d'aliments et le cerveau
rempli des vapeurs du vin, voit ses jambes se re-
fuser à le porter, et tombe sans pouvoir se relever,
de même la bourgeoisie a senti ses extrémités se
révolter et se dérober sous le poids de son corps,
dont le ventre était gonflé d'un or indigestif et la
tête enivrée d'un fol orgueil.

C'est ainsi que l'aristocratie financière est tom-
bée, et sur son corps gisants 'est dressée la Démocratie, la Démocratie qui s'était déjà fortifiée dans
la lutte et la persécution, mais qui ne croyait pas
son heure encore venue. Aux premiers coups de
cette heure que la Providence devançait sur ses
espérances, la Démocratie parut grande, puissante,
magnanime par sa modération et escortée de ses
modestes héros et de ses martyrs, bafoués hier et
glorieux aujourd'hui !

D'autres vous diront : ce peuple, foulé jusqu'à
ce jour aux pieds de deux aristocraties, l'une inso-
lente, et l'autre rongeuse, ce peuple va donc à son
tour se dresser et écraser !

Pour moi, je ne tiendrai pas ce langage ; je ren-
drai plus de justice à la générosité et surtout au
bon-sens de ce peuple vainqueur !

Jusque là les conquérants, une fois maîtres de
la place, l'ont monopolisée en dominateur ; le peuple, lui, veut agir et a déjà agi autrement.

Lui, qui a toujours porté dans son sein la haine

de toutes les tyrannies, n'ira pas en élever une nouvelle à son profit. D'ailleurs, comment le ferait-il?
En faisant de nouveaux opprimés, c'est-à-dire un
autre peuple. Il recommencerait donc le cercle de
toutes les révolutions du passé en créant par la violence une nouvelle féodalité qui préluderait en
bonnet rouge pour finir avec une couronne sur la
tête!

Ce serait là rétrograder et non avancer; ce serait la substitution de personnes à des personnes et
non d'un principe à un principe.

Cette supposition que je fais là n'est jamais entrée
dans l'esprit du peuple; le peuple est trop fier de
son nom pour vouloir le changer contre toute
autre dénomination; et, comme il est aujourd'hui
le maître de la place conquise au prix de son sang,
il exercera son droit de conquérant, non en s'em-
parant des possessions des vaincus, ni même en
partageant avec eux, mais en leur ouvrant ses
rangs, en leur imposant son nom, en voulant que
tout le monde soit *peuple!*

Ce nom de *peuple*, que l'on donnait aux prolétaires, n'était-il pas celui dont on gratifiait toute
la nation dans ses grands actes politiques? C'est
ainsi que la dénomination donnée à la dernière
classe de la société prévalait physiquement pour
toute la nation comme une vérité écrasée par les
abus de l'erreur, et qui devait avoir un jour son
triomphe moral.

Et au-dessus de tous les fronts le Peuple a élevé et fait flotter dans les airs cette devise sublime : *Liberté, Egalité, Fraternité.*

La Noblesse, sur son drapeau, étalait fièrement l'orgueilleux blason d'une famille, expression restreinte du privilége. La Bourgeoisie mit sur le sien ces mots : *Liberté, Ordre public,* froide devise, bien digne de ceux qui avaient peur d'être troublés dans la tranquillité de leur égoïsme. La Démocratie, qui veut être la fusion de tous les citoyens, inscrit sur sa bannière les trois mots les plus sublimes de la pensée humaine : *Liberté, Egalité, Fraternité,* c'est-à-dire union par la force, par le bonheur, par l'amour! Et à ces trois mots il n'est pas nécessaire d'ajouter *ordre public,* puisqu'il est la conséquence de l'application de cette devise céleste.

Si l'on pèse bien ces trois mots : *Liberté, Egalité, Fraternité,* l'égoïsme le plus enraciné y trouvera encore son compte ; l'égoïsme que le maître divin a voulu vaincre par cette sentence persuasive : *Ne fais pas à autrui ce que tu ne souhaiterais pas qu'on te fit à toi-même! Fais pour lui ce que tu désirerais qu'on fit pour toi.*

Résumons donc maintenant le caractère de toutes ces révolutions que nous venons de passer en revue ; voyons les rapports d'existence qu'elles ont les unes avec les autres, et déduisons-en la conséquence que notre révolution de 1848 est sociale.

La Revolution de 89, née des idées humanitaires de l'*Encyclopédie*, devait être sociale ; mais elle ne fut que politique par l'application restreinte de ces idées, application qui ne s'étendit qu'à une classe de la société.

La Révolution de 93, sortie comme un éclair de la compression de ces idées humanitaires par la classe privilégiée de la Révolution de 89, fut toute sociale, puisqu'elle voulait mettre la société dans un nouveau moule en retranchant impitoyablement tous les éléments qui ne pourraient concourir à son homogénité.

Le Directoire fut en quelque sorte une seconde période de la Révolution de 89, période qui voulut s'activer par trop de gaspillages, et qui, par là, ne servit que de transition au Consulat et à l'Empire.

Le Consulat ne fut, en réalité, que le premier pas de l'Empire, car alors, comme l'a dit un grand poète :

Déjà Napoléon perçait sous Bonaparte.

L'Empire, révolution engendrée par le génie militaire et la Liberté enchaînée, fut une révolution politique faite au profit d'un homme dont l'intérêt voulait que les esprits rétrogradassent vers l'ancien ordre de choses. C'est par là que l'Empire facilita la Restauration.

La Restauration fut encore une simple révolution politique qui, faite au nom du *droit divin*, fut contrainte, pour s'opérer, de pactiser avec celle de 89, et dut, plus tard, inévitablement amener une autre révolution par la rupture indispensable de cette alliance, née dans la pensée des partisans du *droit divin*, pour être seulement transitoire.

Cette révolution fut celle de 1830, qui, par conséquent, ne fut encore que politique, puisqu'elle était le triomphe de celle de 89, dont elle assouvissait les ambitions.

Cette révolution de 89 ayant une fois parcouru tout son cercle par l'accomplissement de sa dernière période de 1830, avait derrière elle l'idée d'une autre révolution qui s'était manifestée en 93, et qui, depuis, s'était préparée à reparaître par quinze année de méditation et dix-huit années de lutte.

Cette révolution s'opéra le 24 février; cette révolution ne peut donc être que sociale, puisqu'étant la seconde partie de celle de 93, elle doit, par son origine, s'appliquer à tous, en ralliant autour d'elle les partis vaincus.

93 détruisit; 1848 doit construire.

93 creusa les fondements de la République; 1848 doit en élever l'édifice.

LA RÉVOLUTION DE 1848 NE SAURAIT QU'ÊTRE SOCIALE. — CE QU'IL ADVIENDRAIT SI ELLE ÉTAIT RENDUE SEULEMENT POLITIQUE.

La Révolution de 1848 ne saurait qu'être sociale pour deux raisons essentielles :

1° A cause de son origine morale ;

2° A cause de son origine physique.

Par son origine morale, la Révolution de 1848 est naturellement sociale, puisqu'elle a été en quelque sorte conçue par le feu sacré des grandes idées humanitaires du dix-huitième siècle.

Par son origine physique, elle est encore sociale, parce qu'elle a été enfantée matériellement par l'anéantissement successif des révolutions politiques qui avaient fait leur temps.

Sortir de là serait tomber dans le cahos et l'anarchie.

En effet, supposons un instant le contraire, et voyons ce qu'il en adviendrait.

La Révolution de 1848 pourrait être supposée simplement politique de deux manières :

1° Par sa propre volonté ;

2° Par une volonté indépendante de la sienne.

Examinons d'abord la Révolution de 1848 devenue politique selon la première hypothèse, c'est-à-dire par sa propre volonté.

De cette manière, cette révolution serait le triomphe, je ne dirai pas de la Démocratie, car la Démocratie comprend tous les citoyens, mais tout simplement du prolétariat ; et, toujours selon la même hypothèse, le prolétariat n'ayant fait qu'une révolution politique, devrait agir de la façon suivante : il commencerait par se rendre propriétaire au détriment de la classe bourgeoise opprimée, pour finir par une aristocratie qui prendrait n'importe quelle dénomination.

Ce serait, comme je l'ai dit plus haut, rouvrir le cercle de toutes les révolutions du passé ; ce serait une folie qui n'est même pas à supposer de la part de la classe ouvrière.

Non, les travailleurs n'ont pas voulu faire une révolution tout simplement politique. Jusqu'ici ils ont servi d'instrument à ceux qui ont opéré des mouvements favorables à leurs ambitions ; désormais ils ne le feront plus, ils ne veulent plus être un marche-pied pour l'orgueil de quelques-uns ; hier encore ils en ont donné la plus grande preuve.

Cette multitude qui, plus enthousiaste et plus généreuse que réfléchie, se pressait vers l'Assemblée nationale aux cris de : *Vive la Pologne!* s'est dispersée honteuse et indignée de voir qu'on avait fait appel à ses plus nobles sentiments pour la rendre participante de l'acte le plus audacieux et le plus infâme qu'on ait pu imaginer : de la violation de sa propre souveraineté! Aussi on l'a bientôt vue courir aux armes, non pour combattre l'Assemblée nationale, mais pour la défendre.

Citoyens Représentants, je vous le dis en passant, que cette belle et juste conduite des travailleurs vous donne la mesure de ce que vous devez faire pour eux.

Voyons maintenant ce que serait la Révolution de 1848 devenue politique, selon la seconde hypothèse, c'est-à-dire par une volonté indépendante de la sienne.

Il est certains esprits retardataires, ou plutôt immobiles, qui pensent et qui disent que c'est assez pour les travailleurs d'avoir conquis la plénitude de leurs droits de citoyens par celui du vote; que vouloir aller plus loin serait demander le bouleversement de la société; qu'ils doivent borner là leurs désirs, s'estimant fort heureux d'être désormais partie intégrante du peuple souverain.

Jeune homme, dont le cœur est noble et généreux, toi qui te jettes dans les difficultés de la vie avec tous les élans de ta chaude imagination, tu es pauvre, tu vas lutter contre la misère; la misère sera peut-être victorieuse de tous tes efforts en te terrassant sur un grabat... Oh! alors, console-toi, reprends courage, *tu es du peuple souverain!*

Et toi, malheureux artisan, qui es père de famille, la morte-saison est venue; tes faibles économies sont épuisées; tu rentres à ton foyer glacé où tu trouves une femme éplorée et des enfants qui demandent du pain, ne va pas t'attrister, brave ouvrier, relève ton front avec orgueil, *tu es du peuple souverain!*

Et toi, vieillard infortuné, l'âge a ridé ton front, refroidi ton sang et rendu tes bras impuissants au travail, tu vas peut-être mourir de faim ; n'importe, sois heureux et fier, *tu es du peuple souverain!*

Vous tous enfin, misérables prolétaires, qui sondez toujours l'avenir avec anxiété, regardez les riches dépenser follement la vie qui est trop lente à s'écouler pour les nombreux plaisirs que leur promettent leurs espérances du lendemain ! N'allez pas toutefois envier leur sort ; au nom de la *Liberté*, de l'*Égalité* et de la *Fraternité*, vous êtes autant qu'eux, *vous êtes du peuple souverain !*

Amère, trois fois amère dérision, qui devrait soulever le cœur de ceux qui veulent que cette révolution de 1848 ne soit que politique !

Avant de reconnaître à l'ouvrier son droit d'être du peuple souverain, reconnaissez-lui donc son droit de vivre !

A part ces grandes misères humaines, que feraient les immobilistes en rendant cette révolution tout simplement politique ? Ils feraient une République qui n'en aurait que le nom, et qui fonctionnerait avec tous les rouages d'une monarchie constitutionnelle.

Les intérêts n'étant pas liés les uns aux autres au

moyen d'institutions inspirées par le sentiment de fraternité, l'égoïsme continuerait à trôner sur un plus grand espace, et voilà tout. Les appétits sordides, devenus plus nombreux encore, trafiqueraient sur les consciences, et la classe ouvrière serait livrée à un plus grand nombre de vautours!

Malgré toutes les couleurs brillantes de raison que pourrait étaler aux yeux le démon tentateur de l'égoïsme, ce serait là une insigne folie!

En vérité, je vous le dis, une révolution est ce qu'elle est par sa propre nature et non ce que l'on veut la faire. La nature de celle-ci est d'être sociale, elle doit donc être acceptée telle.

Prenez-y garde, Représentants du Peuple, si vous vouliez que cette révolution devînt simplement politique, c'est-à-dire la satisfaction de nouvelles et plus nombreuses ambitions, vous en feriez un volcan dont vous tenteriez vainement de boucher le cratère, et qui vous rejeterait les premiers avec sa lave brûlante.

Il est donc bien entendu que notre Révolution de 1848 ne saurait être que sociale. Nous allons voir maintenant comment elle doit être sociale dans l'application.

COMMENT LA RÉVOLUTION DE 1848 DOIT-ELLE ÊTRE SOCIALE DANS L'APPLICATION ?

La Révolution de 1848 doit être sociale dans l'application de deux manières : moralement et physiquement. Moralement, par l'éducation et l'instruction ; physiquement, par une organisation du travail. L'éducation et l'instruction doivent toujours marcher ensemble pour faire un homme accompli : l'une est la culture du cœur, l'autre celle de l'esprit. Eh bien donc, catéchisez le peuple sur le sens moral de sa sainte devise : *Liberté, Égalité, Fraternité* ; ouvrez gratuitement à tous ses enfants le palladium de la science ; que le fils du prolétaire y coudoie celui du riche sans d'autres distinctions que celle de l'intelligence développée par une application assidue. Etablissez des sortes de gymnases intellectuels de plusieurs degrés, avec la condition qu'on ne puisse monter d'un degré à un autre que par la voie des examens ; de cette façon l'état sera comme un père qui décidera de la position sociale de ses enfants selon leurs aptitudes. Instituez des écoles urbaines et rurales, où des professeurs patriotes et dévoués viendront, le soir, instruire les ouvriers après les heures du travail. Etablissez un concours parmi les auteurs pour le meilleur livre de philosophie naturelle et politique écrit à la portée des moins érudits, afin de leur apprendre leur dignité d'homme, tous leurs droits de citoyen, et par conséquent leur donner une conscience libre, forte, au dessus de tous les piéges de l'intrigue.

De cette manière vous aurez préparé le moral du peuple à faire fructifier, comme une terre féconde, les institutions sociales d'une République franchement démocratique.

Quant à l'organisation du travail, comme c'est là la question du droit de vivre, elle doit être la base des institutions politiques et non la conséquence. En effet, une fois les relations d'intérêts matériels établies entre les hommes, celles des droits politiques en découleront naturellement.

Aussi vos premiers travaux, citoyens Représentants, devraient être :

1° De lancer des décrets sur l'éducation et sur l'instruction du peuple; par là vous donneriez une âme à la nouvelle société que vous êtes appelés à former;

2° D'élaborer l'organisation du travail; par là vous donneriez un corps à cette société en rattachant tous ses membres les uns aux autres par des liens d'intérêt commun.

Ensuite viendrait la constitution, qui n'est en réalité que la mise en action politique de la société.

Avant d'agir, il faut être moralement et physiquement, c'est tout à fait la même question ici.

L'organisation du travail! voilà le grand épouvantail de l'égoïsme ayant exploité, exploitant et voulant exploiter encore les hommes!

Comment élaborer cette organisation du travail? Cet égoïsme inquiet, qui n'a pas l'habitude de s'occuper d'autrui, s'agite aujourd'hui en tous sens, parce qu'il voit que ses jouissances impassibles vont être troublées; il cherche une explication à cette énigme qui lui est adressée par le peuple des travailleurs comme par un autre sphynx prêt à le dévorer.

En effet, à cette question de l'organisation du travail il n'est pas une autre réponse que celle-ci : *Association!* et l'*association* est l'anéantissement de l'*égoïsme.*

Esprits revêches, cœurs endurcis, permettez que je fasse descendre jusque vers vous le langage de la logique.

Certains écrivains ont prétendu que la propriété était un vol. Je ne suis pas tout-à-fait de leur avis, parce que depuis des siècles la propriété a changé de mains par les efforts de l'*intelligence* et du *travail.*

Par les efforts de l'*intelligence* et du *travail,* remarquez bien ce que je dis là, j'y reviendrai tout-à-l'heure.

Maintenant, supposons un instant le cas suivant :

Un nouveau monde sort des mains du Créateur avec toutes ses richesses ; quelques mortels surgissent et s'en emparent ; d'autres, plus nombreux, surviennent à leur tour et n'ont aucune part de toutes ces richesses ; seulement les premiers leur disent : « Travaillez, faites fructifier pour nous cette terre qui est notre possession. » Eh bien ! je vous le demande, que diriez-vous si ces derniers, forts de leur nombre, chassaient les premiers ou les contraignaient à partager avec eux ? Vous ne sauriez les blâmer, car, à vos yeux comme aux miens, ils auraient les mêmes droits que les premiers.

Supposons autre chose : les derniers venus refusent de travailler, et, maudissant leur existence qui est si différente de celle des autres, ils entrent en pleine révolte contre Dieu, qui semble avoir permis une pareille injustice ; ils veulent détruire cette œuvre d'iniquité, et se croisant les bras, ils attendent que la mort vienne les moissonner comme une herbe stérile et desséchée ! Dans cette hypothèse, que feraient alors les premiers ? Ils seraient obligés de se procurer eux-mêmes, par leur *propre travail*, les richesses que la terre leur promet ; et, du jour où leur travail aurait fait fructifier cette terre, ils auraient acquis un véritable droit de possession, si bien que d'autres survenant encore, ils pourraient leur dire en toute justice : « Cette terre est à nous plus légiti-« mement qu'à vous, puisque nous l'avons arrosée « de notre sueur, et que vous, vous n'avez rien « fait pour la rendre féconde ! »

Certes vous conviendrez avec moi que cette fois ils auraient raison.

Le *travail* impliquerait donc seul, dans cette circonstance, le droit de possession.

Eh bien ! si, en pareille occasion, le *travail* assurait le droit de propriété, ne doit-il être rien dans les cas ordinaires de la vie présente ?

Si vraiment, puisque, comme je l'ai dit plus haut, la propriété s'est légitimée depuis des siècles en changeant de mains par les efforts de l'*intelligence* et du *travail*.

Mais je vous ferai ici une question ? Tels qui sont maintenant riches possesseurs, le sont-ils devenus seulement par les efforts individuels de leur intelligence et de leur travail ? Non, assurément. Sans doute que leur intelligence et leur activité ont été les guides du char qui a porté la Fortune jusque dans leurs demeures, mais ils ont eu aussi recours aux bras de leurs frères pour faire courir les roues de ce char de la Fortune ; autrement dit, leur travail individuel a été corroboré du travail général de leurs frères.

Donc le *travail*, au nom duquel et par lequel ils sont devenus possesseurs légitimes, réclamerait au partage tous ses auteurs et non pas quelques-uns seulement.

Voilà ce que voudrait mathématiquement la logique.

Non pas que je vienne dire ici que ceux qui se sont enrichis dans telle ou telle industrie doivent partager maintenant avec ceux qui y ont concouru par leur travail ; ce serait une folie, ce serait vouloir réagir sur le passé, et le passé ne nous appartient plus ; mais je veux, pour l'avenir auquel nous touchons, déduire de là cette conséquence, que le *travail*, impliquant un droit de possession, doit l'impliquer généralement et non avec restriction individuelle ; c'est-à-dire qu'il faut rattacher l'ouvrier à la propriété par le travail, et pour cela établir des associations dans lesquelles le capital, le travail et le talent se partagent proportionnellement les bénéfices.

L'égoïsme, qui veut que tout ce qui n'est pas lui soit impossible, lance ce dernier argument : que l'ouvrier ne voudra pas, ne pourra pas participer aux pertes.

L'ouvrier participera aux pertes par des fonds de réserve pris chaque année sur les bénéfices généraux.

Au reste, voici comment j'entendrais l'association du maître avec ses ouvriers :

Le maître prélèverait sur la totalité de ses recettes les frais de sa maison, un traitement pour lui comme administrateur, et de ses bénéfices il ferait quatre parts, une pour lui, une pour ses ouvriers, proportionnellement répartie selon leur mérité basé sur le salaire journalier, une troisième pour la caisse fraternelle, destinée à secourir ceux qui éprouveraient des malheurs dans la même industrie, une quatrième enfin pour le cas éventuel des pertes. Au bout d'un certain temps, qui serait déterminé par l'association, s'il n'y avait pas eu de pertes, on partagerait de nouveau une partie de cette somme en laissant toujours un fond de réserve.

De cette manière on ne verrait plus l'oppression du *travail* par le *capital*, comme cela existe aujourd'hui ; ce ne serait pas non plus l'anéantissement du *capital* par le *travail*, comme l'ont proposé certains auteurs, car il est bien certain qu'une part des bénéfices étant, selon leur théorie, destinée à l'amortissement du *capital emprunté*, il arrivait un jour que, l'association étant libérée, ce *capital* retournait aux mains de son propriétaire frappé d'une non valeur de rapports, puisque toutes les industries étant parvenues à pouvoir se suffire à elles-mêmes par cette sorte d'association, le numéraire, qui n'a une valeur productive que par son action dans l'industrie et le commerce, devenait un trésor stérile aux mains de ses détenteurs. Par là le capitaliste n'était plus, en quelque sorte, que le nouveau paria de cette nouvelle société.

L'association du maître avec l'ouvrier est donc la seule rationnelle et possible ; elle mettrait en action la céleste devise de *Liberté, Egalité, Fraternité*. Alors il n'y aurait plus, dans l'industrie et le commerce, de ces positions fausses et ténébreuses qui enfantent si souvent la banqueroute ; l'honnèteté serait forcée d'exister ; des livres incessamment ouverts au contrôle des prud'hommes pour la répartition des bénéfices entre les ouvriers, qu'on ne perdrait jamais de vue dans leurs mutations, ne laisseraient plus accès à la supercherie ; le maître y gagnerait autant que l'ouvrier, car celui-ci aurait d'autant plus de zèle qu'il saurait devoir participer au gain de son travail ; il produirait mieux et plus vite, et par là il n'y aurait plus d'*antagonisme*, mais seulement une *concurrence* raisonnable, qu'il serait plus juste d'appeler *émulation*.

Mais, me direz-vous, l'ouvrier produisant plus vite causera une diminution dans le nombre des bras employés. A cela je répondrai d'abord que produisant plus vite, nous pourrons livrer à meilleur marché et faire une concurrence plus avantageuse avec les industries étrangères, et par là nous serons amenés à employer plus de bras, parce que nos livraisons deviendront plus considérables.

Ensuite, je vous dirai que la colonisation est là qui nous attend. Sans parler des terrains incultes de la France, susceptibles de produire avec une bonne culture, nous avons l'Afrique, terre riche et féconde, à qui il ne manque que des *possesseurs* et des *travailleurs*.

Le ciel de l'Afrique est meurtrier, me répliquerez-vous. L'Afrique peut être assainie par des plantations d'arbres et par des constructions d'habitations confortables.

Ce premier travail d'assainissement sera peut-être un peu meurtrier ; mais vous pourrez le faire faire par les forçats : au lieu de les employer dans les arsenaux, sur nos ports, dirigez-les sur l'Afrique, et là, au milieu de notre armée, qui les gardera, ils pourront opérer ce premier travail qui, une fois terminé, sera un appel puissant pour des colons ; et pendant ce temps-là les arsenaux seront un débouché de plus pour nos ouvriers.

Dans la suite, vous aurez tout un pays magnifique qui, une fois bien colonisé, élevera encore la France de cent coudées de plus au dessus de toutes les autres nations.

En résumé, nous avons une révolution sociale, il faut, avec tout le dévouement et toute l'ardeur possibles, user de tous les moyens pour la rendre belle et fructifiable.

Qu'on y prenne garde ! Le matérialisme est la maladie du siècle ! Cette affection morale, qui devait naturellement et localement être inhérente à l'aris-

tocratie d'argent, a été généralisée et poussée à son
dernier période par un calcul politique du gouver-
nement déchu : en allumant dans toutes les âmes
cet appétit grossier du bien-être, il espérait assou-
pir et étouffer peu à peu l'esprit révolutionnaire.
N'avons-nous pas vu ce marché scandaleux d'ac-
tions de chemins de fer qu'on s'arrachait comme
une proie? N'avons-nous pas vu ces coupons d'ac-
tions passer des doigts parfumés des héroïnes
de boudoir dans les mains calleuses du merce-
naire! Alors c'était un jeu frénétique, et le pouvoir
s'applaudissait de lier la société à son char avec des
chaînes d'or. Le pouvoir se trompait, il jouait avec
le feu pour périr par le feu!

Ce fut une terrible partie qui fit mille fois moins
de gagnants que de perdants, et ceux-ci furent de
nouveaux Tantales dont la soif fut d'autant plus
grande.

Non que toute la classe ouvrière ait mis son en-
jeu dans cette partie ; il n'y en eut qu'un très petit
nombre, le reste fut spectateur; mais l'aspect d'un
bon dîner excite encore plus l'apétit de celui qui a
faim.

Voilà comment le matérialisme est devenu la
maladie générale de ce siècle! Voilà pourquoi encore notre révolution est une révolution essentiellement sociale, qui devra s'appliquer à mettre un
juste équilibre entre tous les mouvements désor-
donnés de l'ambition et du besoin!

ENCORE PRENEZ GARDE !

CONCLUSION.

Citoyens Représentants du Peuple, vous voyez par toutes les révolutions déroulées devant vos yeux que la nature de celle de 1848 est d'être sociale ; prenez garde de l'oublier un seul instant ! Vivez continuellement avec cette pensée que vous êtes appelés à reconstituer une société, et que le dévouement seul vous en rendra capables.

Oui, persuadez-vous le bien, notre révolution de 1848 doit continuer l'œuvre de celle de 93.

Cette révolution de 93, toute spirituelle dans son principe, employa des moyens physiques sanglants ; celle de 1848, toute matérielle dans son principe, doit se développer par des moyens moraux pacifiques et fraternels.

Oh! prenez garde de vous laisser séduire par les charmes de l'ambition ; je sais que c'est une syrène perfide qui a des douceurs infinies dans la voix, mais ne laissez pas amollir vos cœurs par ses accents ; soyez forts contre elle et contre vous-mêmes, et vous serez puissants pour l'œuvre qui vous réclame !

Prenez garde de vous grouper, dans vos décisions, autour d'hommes qui prendront un drapeau en main pour faire, comme sous le régime constitutionnel, une guerre de portefeuille et de pouvoir ! Quand vous voterez, ne vous traînez pas à la remorque les uns des autres, mais que chacun de vous vote seul avec sa conscience affranchie de toute entrave de cupidité ; que chacun de vous reste soi-même et ne prenne conseil que de son dévouement ; vous arriverez ainsi, citoyens représentants, à faire de grandes et belles choses, et chacune de vos individualités, fortes et libres, se rencontreront certainement vers le bien dans une majorité imposante ! Je sais que ce chemin est difficile, que pour y marcher il faut faire abnégation de ses propres intérêts, mais votre mérite en sera d'autant plus grand !

Prenez garde d'agir avec passion ; la passion ne guide pas, elle entraîne !

Prenez garde aussi à l'indifférence qui pétrifie le cœur et amortit l'esprit !

Soyez ardents avec sagesse ; soyez calmes avec le

désir brûlant du bien ; enfin mettez un juste équilibre entre votre cœur et votre esprit, et de cette façon, l'un vous donnera de nobles élans que l'autre dirigera.

Prenez garde à ces dénominations d'*exaltés* et de *modérés* qui peuvent être fort dangereuses ; car par toutes deux vous sortez du véritable sens républicain : *exaltés*, vous serez plus *républicains* que la République ; *modérés*, vous ne serez pas du tout *républicains*, parce que vous en arriverez à vous méfier de vous-mêmes et à avoir peur de ce dernier mot, que vous ne saurez plus comprendre, si bien qu'avec ces appellations d'*exaltés* et de *modérés*, vous vous ferez la guerre pour détruire la République ! Ah ! prenez-y garde ! prenez-y garde !...

CASIMIR PERTUS.

4308 Paris, impr. MAULDE et RENOU, r. Bailleul, 9-11.